# Inhalt

**Flexible Fertigung**

Kernthesen

Beitrag

Fallbeispiele

Weiterführende Literatur

Impressum

GENIOS WirtschaftsWissen Nr. 01/2003 vom 31.01.2003

# Flexible Fertigung

*I.Zeilhofer-Ficker*

## Kernthesen

- Im Zeitalter der Internet-Bestellungen schreitet der Trend zur Individualisierung von Produkten, kombiniert mit der Forderung nach kürzeren Liefer- und Bearbeitungszeiten, immer schneller voran.
- Um diesen Kundenanforderungen gerecht werden zu können müssen die Produktions- und Fertigungsprozesse in hohem Maße flexibilisiert werden.
- Hochgradige Automatisierung ist ebenso gefordert wie eine weitgehende Flexibilisierung der Planungsprozesse sowie der unterstützenden Planungs-, SCM- und ERP-Systeme.
- Auch der Produktionsfaktor Arbeit muss in die Bestrebungen nach einer flexiblen

Fabrik einbezogen werden; dafür sind entsprechende Arbeitsmodelle und die notwendigen gesetzlichen Rahmenbedingungen zu schaffen.

# Beitrag

Es gibt Firmen, die es trotz konjunktureller Schwierigkeiten schaffen, ihre Marktposition auszubauen und gestärkt aus einer Krise zu gehen. Eines ist den erfolgreichen Unternehmen gemeinsam: die konsequente Ausrichtung der Unternehmensstrategien auf die Bedürfnisse und Wünsche ihrer Kunden. (1)

Neben den erfolgreichen deutschen Automobilproduzenten wird immer wieder der deutsche Maschinenbau genannt, wenn positive Beispiele für das Bestehen auf dem Weltmarkt gefragt sind. Mit einem Exportvolumen von rund 80 Milliarden Euro führen die deutschen Maschinenbauunternehmen die Liste der Exporteure an und liegen damit noch vor Japan und den Vereinigten Staaten. Der Schlüssel zum Erfolg des Maschinenbaus könnte auch hier die außerordentliche Kundenorientierung sein, werden doch hohe Anteile der Maschinen und Anlagen als kundenspezifische Unikate entwickelt und verkauft.

(2)

Ein wichtiger Erfolgsfaktor ist daher die konsequente Ausrichtung der Geschäftsprozesse und -strategien auf die Kundenwünsche. Gerade im Bereich Produktion und Fertigung muss noch viel Arbeit geleistet werden, um von den starren Produktionsabläufen mit Mindestlosgrößen und hohen Lagerbeständen zu einer flexiblen, schnellen, produktiven und kundengerechten Fertigung zu gelangen.

## Die Forderung der Kunden - Produktion nach Maß

Heute gewinnen elektronische Geschäftsprozesse sowohl im Business-to-Business- als auch im Business-to-Consumer-Bereich rasch an Bedeutung. Bestellungen aus elektronischen Katalogen werden bald auch für den Privatkunden normal sein und es ist gut vorstellbar, dass in wenigen Jahren beispielsweise ein Auto in der gewünschten Farbe und Ausstattung über das Internet in einem elektronische Katalog bestellt werden kann. Neben Zubehörteilen wie Radio, Felgen oder Klimaanlage könnte es bald auch möglich sein, ein "maßgeschneidertes" Auto zu ordern. (3)

Ist für das bestellte Produkt ein Liefertermin genannt, geht der Kunde selbstverständlich davon aus, dass dieser auch eingehalten wird. Hat der Kunde innerhalb der genannten Lieferzeit einen Änderungswunsch, muss er dafür oft eine Verschiebung des zugesagten Auslieferungstermins in Kauf nehmen. (4)

# Die Planung

## Unflexible Planungssysteme

Grund dafür ist häufig ein starres Planungssystem, das die verfügbaren Daten nicht online, sondern in nächtlichen, manchmal gar nur wöchentlichen Durchgängen verarbeitet. Kein Wunder, dass solche Planungssysteme Durchlaufzeiten von mehreren Wochen generieren, obwohl der eigentliche Produktionsprozess nur wenige Stunden benötigt. (3)

Dabei sind Änderungswünsche von Kunden eher die Regel denn die Ausnahme. Bei jedem zweiten Auto wird die Ausstattung nach der Bestellung noch mal auf Wunsch des Kunden hin geändert, teilweise sogar mehrfach. Rund 120 000 Änderungswünsche erreichen einen Münchener Automobilhersteller jeden Monat. Mit einem starren Planungssystem könnten diese Änderungen ohne Auswirkung auf den vereinbarten Liefertermin nicht bearbeitet werden. (4)

Die traditionelle Kostenrechnung verlangt, Maschinen möglichst oft unter Vollauslastung zu fahren. Die traditionellen Planungssysteme arbeiten deshalb mit Mindestlosgrößen, die im Push-Prinzip die einzelnen Fertigungsstufen durchlaufen. Dieser Ansatz senkt zwar die Stückkosten, in vielen Fällen werden dadurch aber große Mengen an Teilen hergestellt, die dann irgendwo auf ihren Abruf warten. Dazu kommt oft eine hohe Anzahl von Fertigungsstufen, jede mit der Anforderung von Mindest-Sicherheitsbeständen an Rohmaterialien oder Halbfertigwaren. Das Resultat sind nicht nur lange Warte- und Liegezeiten, sondern außerdem ein gewaltiger Berg von gebundenem Kapital, das dem Unternehmen an anderer Stelle fehlt. Es wird gerne übersehen, dass notwendiger Cash-Flow erst generiert wird, wenn die Ware vom Kunden abgenommen und bezahlt ist. (5)

## Unterschiedliche Ansätze für eine flexible Planung

Doch es gibt bereits Planungssysteme, die sich den geänderten Anforderungen als gewachsen erweisen. So wird bei einem namhaften Automobilhersteller die Planung erst 6 Tage vor dem Montagestart eingefroren, alle auftragsrelevanten Daten gehen in Echtzeit in das Planungssystem ein. Bei einer täglichen Montageleistung von 1 250 Autos eines Werkes sind im Durchschnitt nur zwei Autos pro Jahr identisch. Trotz dieser Variantenvielfalt kann innerhalb von 5 Sekunden die Fertigungskapazität geprüft werden, der Händler kann dem Kunden sofort mitteilen, wann das bestellte Fahrzeug geliefert wird. (4)

Möglich macht dies eine Planungssoftware, die auf der **Fuzzy-Logic** basiert. Neben sämtlichen Ausstattungsmerkmalen berücksichtigt die Software 70 bis 100 Randbedingungen wie beispielsweise die Vorgabe, möglichst wenig Farbwechsel für den Lackierroboter vorzunehmen. In maximal einer Minute errechnet das Programm die Montagereihenfolge einer Tagesproduktion, die Rückrechnung des daraus resultierenden Teilebedarfs dauert 15 bis 30 Minuten. Jeder Planer kann seine Prioritäten individuell im Vorfeld festlegen; gefällt ihm der daraus resultierende Montageplan nicht, kann der die Prioritäten ändern oder manuelle Korrekturen vornehmen. (4)

Ein anderer Ansatz ist die **dezentrale Feinplanung kombiniert mit Kanban**. Bei diesem Prozess übernimmt das PPS-System nur die Grobplanung, die Feinplanung wird dezentral vom jeweiligen Montageteam am Arbeitsplatz ausgeführt. Voraussetzung dafür ist die Steuerung der Supply Chain über Kanban-Kreisläufe. (5)

Vielen Unternehmen würde die Implementierung eines **MES (Manufacturing Execution System)** helfen, die Produktionsabläufe zu flexibilisieren. Durch die Berücksichtigung von aktuellen Ist-Situationen bezüglich Änderungen, Engpässen, Kapazitäten und Ressurcen können sowohl kürzere Durchlaufzeiten als auch geringere Lagerbestände erzielt werden. (6)

Voraussetzung für einen Planungsprozess, der höchste Flexibilität in der Fertigung gewährleistet, ist aber auf jeden Fall eine Informationstechnologie, die den sekundenschnellen Datenaustausch ermöglicht. Nur ein ständig den Waren vorauseilender Informationsstrom kann die Materialbeschaffung und Produktion optimieren und flexibilisieren, ohne die Lagerhaltung von End- und Zwischenmaterialien unnötig aufzublähen.

# Die Produktion

Um einen hohen Flexibilisierungsgrad erreichen zu können, sind weitgehend **automatisierte Produktions- oder Montageanlagen,** die lückenlos miteinander vernetzt sind, notwendig. Die Steuerung muss möglichst online direkt über den entsprechenden Produktionsplan aus dem PPS oder MES erfolgen. Manuelle Änderungen der Fertigungsreihenfolge müssen aber möglich sein, um den flexiblen Einsatz der Maschine auch in Ausnahmesituationen, wie bei Maschinenausfällen, zu gewährleisten. (7)

Der gesamte Produktionsprozess muss auf den Prüfstand, die Organisation des Fertigungsablaufs optimiert und vereinfacht werden. **Modulare Arbeitsplätze oder Montageanlagen** oder evtl. die Reorganisation nach Produktionssegmenten können dabei helfen, die Produktion trotz hohem Individualisierungsgrad profitabel zu gestalten. (8), (9)

Um die Lieferzeiten bei hoher Produktivität und Auslastung der Maschinen und Anlagen kurz zu halten, kann die Möglichkeit der **kundenneutralen Vorfertigung** von Baugruppen nach einem Kanban-System ins Auge gefasst werden. Die Endmontage wird dann erst nach Eingang des Kundenauftrages angestoßen. (3).

Selbstverständlich muss auch die Qualitätssicherung und -kontrolle in den Fertigungsprozess integriert sein und sollte am besten direkt an der Produktionsanlage oder am Montageband stattfinden. Intelligente Sensoren und Bildverarbeitungssysteme erledigen die notwendigen Messungen automatisch; die entsprechenden Prüfdaten sind jederzeit abrufbar. Mittlerweile gibt es gar Prüfsysteme, die selbst "lernen", was zu prüfen ist. Man zeigt ihnen ein Gut-Teil, mit dessen Daten dann alle nachfolgend produzierten Teile verglichen werden. (10) Robot-Vision-Systeme, bei denen die Sensoren auf dem Roboter installiert sind, ermöglichen flexible Messungen von verschiedenen Positionen aus, ohne dadurch die Durchlaufzeiten übermäßig zu verlängern. (11)

## Der Faktor Arbeit

Zwischen 1999 und 2001 haben 30 Prozent der verarbeitenden Betriebe in West-Deutschland Reorganisationsmaßnahmen zur Erhöhung der Flexibilität durchgeführt, in Ost-Deutschland sogar 41 Prozent. Meist sind diese Änderungen mit großen Auswirkungen auf die betroffenen Mitarbeiter verbunden. Es ist daher dringend notwendig, die Mitarbeiter von Anfang an über die geplante Maßnahme zu informieren und einzubinden. Notwendige Fortbildungsmaßnahmen müssen geplant und bereits vor der Implementierung durchgeführt werden. Nur so kann sichergestellt werden, dass die Mitarbeiter die Änderung akzeptieren und mit tragen. (12)

Oft ist mit der Flexibilisierung der Produktions- und Fertigungsanlagen die Notwendigkeit von anderen Arbeitszeitmodellen verbunden. Eventuell muss in mehreren Schichten gearbeitet werden, oder aber die persönliche tägliche Arbeitszeit muss sich nach der entsprechenden Maschinenlaufzeit richten. Auch der gesamte Personalbedarf an sich kann abhängig von der Auftragslage sehr unterschiedlich sein.

Leider legt das deutsche Arbeitsrecht dem Unternehmer in Bezug auf den Personaleinsatz recht enge Fesseln an. Es sind aber momentan Bestrebungen im Gange, das Arbeitsrecht zu flexibilisieren und damit den geänderten Anforderungen der Wirtschaft entgegenzukommen.

Es gibt aber Beispiele, in denen im Rahmen der heutigen Gesetzgebung zwischen den Tarifpartnern Arbeitszeitmodelle ausgehandelt wurden, die eine flexiblere Nutzung der Fabriken erlauben. (13) Auch die Möglichkeiten von zeitlich befristeten Arbeitsverträgen sowie die Inanspruchnahme von Leiharbeitern können Abhilfe schaffen.

## Fallbeispiele

Seit 2000 gibt es bei BMW das Programm "Kundenorientierter Vertriebs- und Produktionsprozess". Seit Implementierung dieses Prozesses konnte die Planungszeit wesentlich verkürzt, die Liefertreue erhöht und die Verarbeitung von Änderungswünschen verbessert werden. BMW nutzt die Planungssoftware "Qualicision" der FLS Fuzzy Logik Systeme GmbH. (4)

Die Computersoftware Felios wird beim Antriebstechnikspezialisten SSB eingesetzt, um den Auftragsdurchlauf zu steuern. Neben einer Verbesserung der Termintreue trägt Felios wesentlich dazu bei, die Produktion transparenter zu machen. Felios nutzt wie Qualicision die Fuzzy Logic. (15)

Mit der Produktpalette "Industrial IT" bietet die Firma ABB eine Reihe von Lösungen, die die Integration von Informationen der

Automatisierungssysteme verschiedener Hersteller erlaubt. Neben der einheitlichen Datenspeicherung bietet das System Lösungen für Wartungsmanagement, Selbstdiagnose und Datenanalyse. (7)

Das Unternehmen Festo in Esslingen hat seine komplette Fertigung auf modulare Arbeitsplatzsysteme auf Rädern umgestellt. Durch die Baukasten-Lösung konnten Umrüstzeiten erheblich reduziert und die Wege für die Materialbereitstellung verkürzt werden. Die Festo-Mitarbeiter wissen die verbesserten Arbeitsbedingungen zu schätzen. (9)

Die Firma Dornbracht Armaturen hat seine gesamte Materialfluss- und Prozesssteuerung zu einer Produktion auf Abruf umgestellt. Die Produkte wurden in Segmente eingeteilt, die Kundenaufträge lösen die Montage aus, vorgelagerte Produktionsschritte werden über Kanban-Kreislauf gesteuert. Die geringeren Lagerbestände verringern die Fertigungskosten und die Kapitalbindung. (14)

Procter & Gamble will in den nächsten drei bis fünf Jahren den gesamten Konzern auf ein "Adaptive Supply Network" umstellen. Alle Procter Produktionsstätten weltweit sollen zukünftig ihre Produktion basierend auf Echtzeitdaten der jeweils aktuellen Bestände der Konzernkunden steuern.

Procter nutzt dazu SAP APO. (16)

Auch kleine Handwerksbetriebe müssen sich auf mehr Flexibilität einstellen. Ein Zimmerermeister bevorzugt deshalb ausschließlich Halbfertigprodukte, die direkt an die Baustelle geliefert werden. Zu seinem Stammpersonal engagiert er je nach Auftragslage Mitarbeiter mit befristeten Arbeitsverträgen.

Intelligente Bildverarbeitungssysteme bieten die Firmen Matsushita Electric Works Deutschland GmbH, Holzkirchen, die Stemmer Imaging GmbH, Puchheim, die Sick AG, Waldkirchen, Pepperl + Fuchs, Mannheim, sowie der Siemens Bereich A & D. (10) Die Isra Vision Systems AG, Darmstadt hat ein Robot-Visions-System entwickelt, bei dem die Messzeit von Sensoren, die am Roboterarm mitgeführt werden, deutlich verringert wurde. (11)

Der Betriebsrat der Audi AG hat durch eine Rahmenvereinbarung mit der Geschäftsleitung zur Flexibilisierung der Arbeitszeiten verhindert, dass die Produktion des Audi A3 nach Mexiko verlegt wird. Die Vereinbarung ermöglicht die Entwicklung neuer Arbeitszeitsysteme, die eine flexiblere Nutzung der Fabriken erlaubt. (13)

# Weiterführende Literatur

(1) Profite trotz Krise
aus werben & verkaufen Nr. 45 vom 08.11.2002 Seite 094

(2) Der Maschinenbau im Zeitalter der Globalisierung und »New Economy«
aus ifo Schnelldienst, Heft 21/2002, S. 18-27

(3) Dangelmaier, Wilhelm Prof., Erhöhung der Wettbewerbsstärke - Produktivitätssteigerung durch erfolgreiche Produktionslogistik, BA Beschaffung aktuell, Heft 10, 2002, S. 32
aus ifo Schnelldienst, Heft 21/2002, S. 18-27

(4) Neue Fertigungsplanung erhöht Flexibilität - BMW peilt erfolgreich über den Daumen, Computerwoche, 18.10.2002, Nr. 42, S. 32 - 33
aus ifo Schnelldienst, Heft 21/2002, S. 18-27

(5) Die flexible Fabrik (Teil 3), Das "3-Liter-PPS" ist machbar
aus Industrielle Informationstechnik, Heft 10/2002, S. 16-17

(6) Transparenz macht wettbewerbsfähig - Wie produktionsorientierte Integration die Effizienz steigern kann, INDUSTRIE SERVICE, Heft 11, 2002, S. 14
aus Industrielle Informationstechnik, Heft 10/2002, S.

16-17

(7) Ganzheitliches Management - Industrial IT bietet neue Möglichkeiten in der Leittechnik, GETRÄNKEINDUSTRIE, Heft 11, 2002, S. 51
aus Industrielle Informationstechnik, Heft 10/2002, S. 16-17

(8) Vogelei, Reinhard / Wüpping, Josef, Fabrikplanung - Produktion im Maßanzug, Logistik heute, Heft 11/2002
aus Industrielle Informationstechnik, Heft 10/2002, S. 16-17

(9) Arbeitsplatzsystem - Bei Festo rollt die Montage, BUM BETRIEB & meister, Heft 11, 2002, S. 6
aus Industrielle Informationstechnik, Heft 10/2002, S. 16-17

(10) Möller, Werner, Bildverarbeitung: Komplettlösungen mit der Automation vernetzen - Software macht den Sensor zur Komponente, Industrieanzeiger, Heft 46, 2002, S. 40
aus Industrielle Informationstechnik, Heft 10/2002, S. 16-17

(11) Böttger, Uwe, Mitgeführter Bildverarbeitungs-Sensor ermöglicht Messungen in der Bewegung - Roboter schießt Fotos aus der Hüfte, Industrieanzeiger, Heft 42, 2002, S. 72
aus Industrielle Informationstechnik, Heft 10/2002, S. 16-17

(12) Arbeitsmarktpolitik
aus arbeit und beruf, Heft 11, 2002, S. 324-326

(13) Neuer Audi startet in Ingolstadt - Betriebsrat verhindert Produktion in Mexiko - Flexiblere Arbeitszeit senkt Kosten, Stuttgarter Zeitung, 29.10.2002, S. 13
aus arbeit und beruf, Heft 11, 2002, S. 324-326

(14) Mayer, Claus, Alles im Kasten - Durch Mehrwegbehälter kleinere Serien und mehr Automation, handling, Heft 10, 2002
aus arbeit und beruf, Heft 11, 2002, S. 324-326

(15) SSB optimiert Auftragsdurchlauf - Antriebstechniker schafft transparenten Produktionsprozess
aus ke - konstruktion + engineering, Heft 10/2002, S. 16

(16) Procter&Gamble drückt auf die Tube
aus Lebensmittel Zeitung 41 vom 11.10.2002 Seite 028

# Impressum

## Flexible Fertigung

### Bibliografische Information der deutschen Nationalbibliothek

Die Deutsche Nationalbibliothek verzeichnet diese Publikation in der deutschen Nationalbibliografie; detaillierte bibliografische Daten sind im Internet über http://dnb.d-nb.de abrufbar.

ISBN: 978-3-7379-1020-0

© 2015 GBI-Genios Deutsche Wirtschaftsdatenbank GmbH, Freischützstraße 96, 81927 München, www.genios.de

Alle Rechte vorbehalten. Dieses Werk ist einschließlich aller seiner Teile – z.B. Texte, Tabellen und Grafiken - urheberrechtlich geschützt. Jede Verwertung außerhalb der Grenzen des Urheberrechtsgesetzes bedarf der vorherigen Zustimmung des Verlags. Dies gilt insbesondere auch für auszugsweise Nachdrucke, fotomechanische Vervielfältigungen (Fotokopie/Mikroskopie), Übersetzungen, Auswertungen durch Datenbanken oder ähnliche Einrichtungen und die Einspeicherung und Verarbeitung in elektronischen Systemen.